ce que le don de conseil?

conseil est un don du St.-Esprit,

hercher avec soin & choisir ce qui

connoître le chemin qu'il faut suivre, & les dangers qu'il faut éviter pour arriver au ciel.

9 *D.* Qu'est-ce que le don de piété?

R. C'est un don du St.-Esprit, qui fait que nous nous portons avec plaisir & avec facilité à tout ce qui est du service & du culte de Dieu.

10 *D.* Qu'est-ce que le don de crainte de Dieu?

R. C'est un don du St.-Esprit, qui nous inspire un respect pour Dieu, mêlé d'amour, & qui nous fait appréhender de lui déplaire.

11 *D.* Que fait l'Evêque après avoir étendu les mains & prié pour ceux qu'il confirme?

R. Il trempe son pouce dans le saint Chrême, & il fait une onction en forme de croix sur chacun de ceux qu'il confirme, en disant ces paroles : Je te marque du signe de la croix, & je te confirme avec le Chrême du salut, au nom du Pere, & du Fils, & du Saint-Esprit.

12 *D.* Que doit-on faire après avoir été confirmé?

R. Il faut remercier Dieu des graces qu'on vient de recevoir, faire de nouveau une ferme résolution de lui être fidele le reste de sa vie, & ne point se

que l'Evêque n'ait donné sa bénédiction.

LEÇON XXXI.
Du Sacrement de Pénitence.

1 *D.* QU'est-ce que le Sacrement de Pénitence?

R. C'est un Sacrement qui remet les péchés commis après le Baptême.

2 *D.* Quelles sont les parties du Sacrement de Pénitence?

R. Les parties du Sacrement de Pénitence sont les actes du pénitent & l'absolution du Prêtre.

3 *D.* Quels sont les actes du pénitent qui font partie du Sacrement de Pénitence?

R. Il y en a trois, savoir : la Contrition, la Confession & la Satisfaction.

4 *D.* Qu'est-ce que la Contrition ?

R. La Contrition est une douleur & une détestation des péchés qu'on a commis, accompagnée d'une ferme résolution de ne plus offenser Dieu à l'avenir.

5 *D.* Cette douleur & ce regret d'avoir offensé Dieu, sont-ils absolument nécessaires pour obtenir la rémission de ses péchés?

R. Ils sont absolument nécessaires & l'ont toujours été pour obtenir la rémission des péchés.

6 *D.* Quelles conditions la Contrition doit-elle avoir ?

R. La Contrition doit avoir quatre conditions; elle doit être intérieure, surnaturelle, souveraine & universelle.

7 *D.* Qu'est-ce à dire que la Contrition doit être intérieure ?

R. C'est-à-dire, qu'il faut que cette douleur soit dans le cœur, & non pas seulement sur les lèvres & dans les paroles.

8. *D.*

LA GRANDE BIBLE DE NOELS,

ANCIENS ET NOUVEAUX;

Avec plusieurs Cantiques sur la Naissance de Notre-Seigneur Jesus - Christ.

A NANCY,

Chez Mad.ᵉ V.ᵉ LESEURE-GERVOIS, Libraire, Place Mengin.

1813.

APPROBATION.

Benoît COSTAZ, nommé à l'Évêché de Nancy, et Administrateur Épiscopal de ce Diocèse, Baron de l'Empire, à tous présens et à venir, Salut en Notre-Seigneur Jesus-Christ.

Le sieur HISSETTE, Imprimeur à Nancy, nous ayant témoigné le désir de réimprimer un ouvrage intitulé: *La Grande Bible de Noels, anciens et nouveaux*, déjà imprimée à Nancy ; la lecture que nous en avons faite, nous a convaincu que rien ne s'opposait à l'impression de cet ouvrage qu'en conséquence nous autorisons, à la charge de se conformer en tout à l'exemplaire déposé dans nos mains, et aux autres réglemens de l'imprimerie.

Nancy, le 3 septembre 1813.

BENOÎT COSTAZ.

CANTIQUES
SUR LA NAISSANCE
DE NOTRE SEIGNEUR.

Sur le MAGNIFICAT.

UN Ange ayant dit à Marie,
 Qu'elle concevroit Jesus-Christ,
Et que ce divin fruit de vie
Seroit l'œuvre du Saint-Esprit;
   Toute ravie,
S'en va chez sa Cousine, et dit:
 Magnificat anima mea Dominum,
 Et exultavit Spiritus meus.
 Quand je contemple ce Mystère,
Et mon ineffable bonheur,
Que je sois, dit-elle, la Mère
De mon souverain Rédempteur;
   C'est un Mystère
Qui charme et qui ravit mon cœur:
 In Deo salutari meo.
Quia respexit humalitatem ancillæ suæ.
 Je me suis toujours conservée
Dans ma profondé humilité;
C'est pourquoi je suis élevée
A cette haute dignité,
   Si relevée,
Sans jamais l'avoir mérité:

Ecce enim beatam me dicent omnes generationes.
Quia fecit mihi magna qui potens est.

Dieu, qui peut tout, pouvoit-il faire,
A mon égard, rien de plus grand,
Que d'être ensemble Vierge et Mère?
O le prodige surprenant!
      Je le révère,
Et j'en bénis le tout-Puissant:

*   Et sanctum nomen ejus.*
Et misericordia ejus à progenie in progenies.

Dieu voyant l'extrême misère
Où l'homme ingrat s'étoit réduit,
Il s'appliqua, comme un bon père,
A chercher ce qu'il a produit:
      Peut-il plus faire,
Que de donner son divin Christ?

*   Timentibus eum.*
Fecit potentiam in brachio suo.

Il aime tous ceux qui le craignent,
Il n'en perd pas le souvenir:
Mais les superbes le contraignent,
A son regret, de les punir:
      Si les bons règnent,
C'est qu'il a daigné les bénir:

*   Dispersit superbos mente cordis sui.*
Deposuit potentes de sede.

Nous voyons les Anges rebelles
Ressentir les coups de sa main,
Pour n'avoir pas été fidèles
Aux ordres de leur Souverain.
      Monstres rebelles,
Dompta votre cœur hautain:

*   Et exaltavit humiles.*

Esurientes implevit bonis.
Nous étions tous dans l'indigence,
Aussi pauvres que ses esprits,
Lorsqu'ils perdirent l'abondance
Et les douceurs du Paradis;
      Mais sa clémence
Nous enrichit de leurs débris :
Et divites dimisit inanes.
Suscepit Israel puerum suum :
Recevons un Roi débonnaire,
Après avoir long-temps gémi
Sous le poids de notre misère,
Sous le joug de notre ennemi;
      Il vient en Père,
Et porte la paix avec lui :
Recordatus misericordiæ suæ.
Sicut locutus est ad Patres nostros :
C'est pour accomplir la promesse
Qu'il avoit faite à nos parens,
Qu'il viendroit bannir la tristesse,
Et les feroit participans
      De ses richesses,
Et qu'il feroit grace en tout temps :
Abraham et semini ejus in sæcula.
Gloria Patri, et Filio,
Ne perdons jamais la mémoire,
Ni l'estime de ses faveurs;
Si nous remportons la victoire
Sur les ennemis de nos cœurs,
      Rendons en gloire
Au Père, au Fils mêmes honneurs :
Et Spiritui Sancto.
Sicut erat in principio et nunc et semper :
            A 3

Si Dieu n'a pas commencé d'être,
Etant de toute éternité;
Si dans le temps il veut paroître,
C'est son ineffable bonté
          Qui l'a fait naître,
Quoique Dieu dans l'éternité:
    Et in sæcula sæculorum. Amen.

Description de l'entrée de la saint Vierge et saint Joseph à Bethléem, et du refus de les recevoir.

Sur l'air: *Or nous dites Marie.*

Saint Joseph.

NOus voici dans la ville,
    Où naquit autrefois
Le Roi le plus habile,
Et le plus saint des Rois.

La sainte Vierge.

Elevons la pensée
A Dieu, qui a conduit,
Non pas cette journée;
Je vois venir la nuit.

Saint Joseph.

Quelle reconnoissance
Pouvons-nous rendre à Dieu,
De la sainte assistance
Qu'il nous donne en tout lieu,

La sainte Vierge.

Offrons nos corps, nos ames
A notre Créateur,
Et allumons des flammes
D'amour dans notre cœur.

Saint Joseph.

Allons, chère Marie,
Devers cet horloger,
C'est une hôtellerie,
Nous y pouvons loger.

La sainte Vierge.

La maison est bien grande,
Et semble ouverte à tous ;
Cependant j'appréhende
Que ce n'est pas pour nous.

Saint Joseph.

Mon cher Monsieur, de grace,
N'avez-vous point chez vous
Quelque petite place,
Quelque chambre pour nous.

L'Hôte répond.

Pour des gens de mérite,
J'ai des appartemens,
Point des chambres petites,
Pour vous, mes bonnes gens.

Saint Joseph.

Passons à l'autre rue,
Que je vois vis-à-vis,
Tout devant notre vue
J'y vois un grand logis.

La sainte Vierge.

Aidez-moi donc de grace,
Je ne puis plus marcher ;
Je me trouve bien lasse,
Il faut pourtant chercher.

Saint Joseph.

Ma bonne et chère Dame,
Dites, n'auriez-vous point
De quoi loger ma femme
Dans quelque petit coin.

L'Hôtesse.

Les gens de votre sorte
Ne logent point céans;
Allez à l'autre porte,
C'est pour les pauvres gens.

Saint Joseph.

Parlez, ma bonne Dame,
Ne me pourriez-vous pas
Loger avec ma femme
Dans un lieu haut ou bas.

L'Hôtesse.

Hélas! je suis marrie,
Monsieur, de n'avoir rien;
Ma maison est remplie,
Et vous le voyez bien.

Saint Joseph.

Mon bon Monsieur, de grace,
Ne nous refusez pas,
Ou quelque chambre basse,
Ou quelque galetas.

L'Hôte.

J'ai bonne compagnie,
Dont j'aurai du profit;
Je hais la gueuserie,
C'est tout dire, il suffit.

Saint Joseph.

Auriez-vous, Monsieur l'Hôte,

Maître de l'Arbre vert,
Quelque grenier ou grotte
Pour nous mettre à couvert.

L'Hôte.

Dans un coin sur la paille,
Avec tous les valets
Et toute la racaille,
Si vous voulez, allez.

Saint Joseph.

Voyons le Cheval rouge :
Madame de céans,
Avez-vous quelques bouges
Pour des petites gens.

L'Hôtesse.

Vous n'avez pas la mine
D'avoir de grands trésors ;
Voyez chez ma voisine,
Car quant à moi je dors.

Saint Joseph.

Monsieur des trois Couronnes,
Avez-vous logement,
Chez vous, pour deux personnes,
Quelques trous seulement.

L'Hôte.

Vous perdez votre peine,
Vous venez un peu tard ;
Ma maison est fort pleine,
Allez quelqu'autre part.

Saint Joseph.

Et vous, Monsieur le Maître
De ce joli Figuier,
Pouvez vous point nous mettre
Dans un coin du grenier.

L'Hôte.

Des quartiers de la ville,
C'est ici le plus plein,
Et c'est peine inutile,
Que d'y chercher en vain.

Saint Joseph.

Monsieur de la Montague,
Ne recevez-vous point,
Des Gens de la Campagne,
Qui viennent de fort loin.

L'Hôte.

Loin ou près ne m'importe,
Retirez-vous d'ici,
Je veux fermer ma porte,
Et dormir sans souci.

Saint Joseph.

Monsieur du Pain céleste,
Auriez-vous par hasard,
Quelques chambres de reste,
Ou quelque coin à part.

L'Hôte.

Voilà de nos bons hôtes,
Dont nous aurons grand gain,
Avec un pied de crotte,
Vous reviendrez demain.

Saint Joseph.

Monsieur du très-bon-Guide,
De grace logez-nous
Dans quelque chambre vuide,
Ou quelque coin chez vous.

L'Hôte.

Nous n'avons point de place

Nous coucherons sans draps,
Ce soir sur la paillasse,
Sans aucun matelas.

Saint Joseph.

Monsieur, je vous en prie,
Pour l'amour de Dieu,
Dans votre Hôtellerie,
Que nous ayons un lieu.

L'Hôte.

Cherchez votre retraite
Autre part, Charpentier,
Ma maison n'est point faite
Pour des gens de métier.

Saint Joseph.

Monsieur du bout du monde,
Peut-on loger chez vous?
Avez-vous tant de monde,
Qu'il n'y ait lit pour nous?

L'Hôte.

Ni lit, ni couverture;
Vous courez grand hasard
De coucher sur la dure,
Je vous le dis sans fard.

Saint Joseph.

Et vous, ma chère Hôtesse,
Ayez pitié de nous;
Sensible à ma tristesse,
Recevez-nous chez vous.

L'Hôtesse.

Je plains votre disgrace,
Et je voudrois avoir
Quelque petite place
Pour vous recevoir.

Saint Joseph.

En attendant, Madame,
Qu'autre part j'aye vu,
Permettez que ma femme,
Chez vous, repose un peu.

L'Hôtesse.

Très-volontiers, ma Mie,
Mettez-vous sur ce banc;
Monsieur, voyez la Pie,
Ou bien le cheval blanc.

L'Hôtesse à la sainte Vierge.

Excusez ma pensée,
Je ne la puis cacher,
Vous êtes avancée,
Et prête d'accoucher.

La sainte Vierge.

Je n'attends plus que l'heure,
Non, je n'ai plus de tems,
Et ainsi je demeure
A la merci des gens.

L'Hôte appelle sa femme.

Viendras-tu babillarde,
Veux-tu passer la nuit,
Te faut-il être en garde,
Sur la porte à minuit.

L'Hôtesse à la sainte Vierge.

C'est mon mari qui crie,
Il faut me retirer;
Hélas! je suis marrie,
Qu'il nous faut séparer.

L'Intermédiaire.

Dans l'état déplorable,
Où Joseph est réduit,

Il découvre une étable,
Malgré la sombre nuit.
  C'est la seule retraite
Qui reste à son espoir;
Ainsi plus d'un Prophète
Avoit su le prévoir.
  Son ame est attendrie,
Quand il songe en quel lieu
L'innocente Marie
Doit enfanter son Dieu.
  Quelle douleur amère
Pour un si tendre époux;
Seigneur, votre chaste Mère
Mérite un sort plus doux.
  L'heureux instant arrive,
Où naît le Dieu vivant;
La nuit semble attentive,
Tout se tait, jusqu'au vent.
  Mais l'air que l'on respire,
S'échauffe à son aspect,
Ce tendre enfant inspire
L'amour et le respect.
  Jesus-Christ naît à peine,
Qu'on voit des animaux
N'employer leur haleine
Qu'à soulager ses maux.
  Joseph couvre de langes
Le Corps de son Sauveur,
Tandis que les saints Anges
Célèbrent sa grandeur.
  Que chacun de nous réponde,
Disent ces purs esprits,
Pour racheter le monde,

Dieu livre son cher Fils.

Objet de sa tendresse,
Mortels, vivez en paix,
Du malheur qui vous presse,
Vous sortez pour jamais.

Noël, Sur l'air :

Je ne voudrois qu'une Couronne.

Silence Ciel, silence Terre,
Demeurez dans l'étonnement ;
Un Dieu pour nous se fait Enfant ;
L'amour triomphe en ce Mystère,
Le captive aujourd'hui :
Tandis que toute la terre,
Que toute la terre est à lui,
Que toute la terre est à lui,
Disparoissez ombres, figures,
Faites place à la vérité ;
De votre Dieu l'humanité
Vient accomplir les Ecritures :
Il naît pauvre aujourd'hui : Tandis que ect.

A minuit, une Vierge Mère
Produit cet Astre lumineux ;
A ce moment miraculeux
Nous appelons Dieu notre Frère,
L'étable est son réduit : Tandis que, etc.

Il n'a pour Palais qu'une grange,
Couché dans de pauvres drapeaux,
Pour Courtisans deux animaux ;
Et c'est dans cet état étrange
Qu'il paroît cette nuit : Tandis que, ect.

En ce jour on voit l'invisible,
La grandeur dans l'abaissement;
L'Éternel, Enfant d'un moment:
Nous voyons souffrir l'impassible
Dans un petit réduit: Tandis que, etc.

Glaçons, frimats, saison cruelle,
Suspendez donc votre rigueur;
Vous faites souffrir votre Auteur,
Gémir la Sagesse éternelle,
Qui tremble en ce réduit: Tandis que etc.

Venez, Pasteurs, en diligence
Adorer votre Dieu Sauveur;
Il est jaloux de votre cœur,
Il vous aime par préférence;
Il naît pauvre aujourd'hui : Tandis que etc.

Noël, Noël, à cette Fête,
Noël, Noël, avec ardeur,
Noël, Noël, au Dieu Sauveur,
Faisons de nos cœurs sa conquête;
Chantons tous aujourd'hui
Noël par toute la terre:
Car toute la terre est à lui,
Car toute la terre est à lui.

La Circoncision et le S. Nom de Jesus.

Sur l'air : *Seigneur, vous avez voulu me
donner une femme.*

JEsus, après huit jours précis,
Est porté dans le Temple;
Il y veut être circoncis,
Pour nous servir d'exemple;

Quelle profonde humilité!
Cette pure victime,
Etant la même Sainteté,
Subit la loi du crime.

Il prend le beau Nom de JESUS,
Comme Sauveur du monde;
Les enfers en sont confondus;
Le Ciel, la Terre et l'Onde,
Tout fléchit à ce Nom sacré;
On le craint, on l'implore,
On adore sa Majesté
Du couchant à l'aurore.

Après le quarantième jour,
Tout mâle se destine
Au Roi de la céleste Cour;
Telle est la Loi divine,
On doit offrir deux pigeonneaux,
Ou bien des tourterelles;
On a choisi ces animaux,
Comme purs et fidèles.

Jesus au-Temple est présenté,
Siméon, le saint Prêtre,
Reconnoît sa Divinité,
Dès qu'il le voit paroître;
Par un avis du Saint Esprit,
Ce trop heureux Prophète
Devoit un jour voir Jesus Christ,
Son ame est satisfaite.

Que son bonheur est plein d'appas!
L'agréable surprise,
En le serrant entre ses bras,
Ce Vieillard prophétise:
Seigneur, dit-il, à nos souhaits,

Ton Cœur vient de se rendre;
Je vais enfin mourir en paix,
Après un soin si tendre.
    Mes yeux ont vu dans ce grand jour
Ce beau soleil du monde,
Dont la clarté va tour-à-tour
Remplir la terre et l'onde:
Il vient sauver tout l'univers,
Pour sa plus grande gloire,
Nous allons tous sortir des fers,
Et chanter sa victoire.
    O Mère d'un si cher Enfant!
Je prévois tes alarmes,
Il faut le voir triomphant,
Qu'il t'en coûte de larmes,
Tous n'auront pas le même sort;
L'enfer rempli d'envie,
Fera qu'on trouvera la mort
Dans la source de vie.

Sur l'adoration des Rois.

Sur l'air: *Valdec, ce grand Capitaine.*

UNe Etoile singulière
Brille dans le Firmament,
Trois Rois pleins d'étonnement,
Veulent suivre sa carrière;
Ce bel Astre les conduit
Dans les ombres de la nuit.
    En Judée ils arrivent,
Brûlant d'une vive foi,
Hérode en étoit le Roi,

Tous trois ils le visitèrent ;
En parlant d'un Roi nouveau ,
De frayeurs ils le glacèrent ,
En parlant d'un Roi nouveau ,
Qu'ils cherchoient dans le berceau.

Il assemble Scribes et Prêtres ,
Pour apprendre quel séjour ,
Le Christ qu'on attend un jour ,
A daigné choisir pour naître ;
Bethléem est ce saint lieu ,
A ce qu'ils font connoître ,
Bethléem est ce saint lieu ,
Selon les décrets de Dieu.

Il répond à ces Rois-Mages ,
Affectant un air joyeux ,
Que le Christ venu des Cieux ,
N'est pas né sur ces rivages ;
Qu'il est né dans Bethléem ,
Qu'ils y portent leurs hommages ,
Qu'il est né dans Bethléem.
Et non dans Jérusalem.

Revenez , dit-il , encore
Pour nous faire tout savoir :
C'est mon Maître ; mon devoir
Veut aussi que je l'adore :
Vous venez en ce séjour ,
Je vous dois suivre à mon tour.

Sans soupçon pour ce coupable ,
Ils y marchent à grands pas ,
L'astre ne les quitte pas ;
Mais enfin , chose admirable ,
Ils s'arrêtent sur le lieu
Qui n'est pas digne de Dieu.

Par la foi qui les éclaire,
Ils y vont chercher l'Enfant,
Ils le trouvèrent en entrant
Entre les bras de sa mère ;
Par le plus profond honneur,
Ils s'empressent de lui plaire,
Par le plus profond honneur,
Ils adorent leur Seigneur.

Ils présentent pour hommages
L'or, la myrrhe avec l'encens,
Sur les Rois les plus puissans,
Ils lui donnent l'avantage ;
Qu'ils sont dignes, par ce choix,
De donner par-tout les loix.

La nuit, le Ciel leur déclare
Que l'Enfant est menacé,
Ils ont tous le cœur glacé
De l'horreur qui se prépare ;
Mais par un chemin nouveau,
Pour tromper ce Roi barbare,
Mais par un chemin nouveau,
Ils quittèrent ce hameau.

A La venue de Noël
Chacun se doit bien réjouir ;
Car c'est un Testament nouveau,
Que tout le monde doit tenir.
Quand par son orgueil Lucifer
Dedans l'abyme trébucha,
Nous allions tous en enfer,
Mais le Fils de Dieu nous racheta.
Et une Vierge s'obombra,

Et dans son corps voulut gésir,
La nuit de Noël enfanta,
Sans peine et sans douleur souffrir.

Incontinent que Dieu fut né,
L'Ange l'alla dire aux Pasteurs,
Lesquels se sont pris à chanter
Un chant qui venoit de leur cœur.

Après un bon petit tems,
Trois Rois le vinrent adorer,
Lui apportant myrrhe et encens,
Et or qui est fort à priser.

A Dieu le vinrent présenter;
Et quand se vint au retourner,
Hérode les fit pourchasser
Tois jous et trois nuits sans cesser.

Une étoile les conduisoit,
Qui venoit devers l'Orient,
Qui à l'un et à l'autre montroit
Le chemin droit à Bethléem.

Nous devons bien certainement
La voie et le chemin tenir,
Car elle nous montre vraiment
Où Notre-Dame doit gésir.

Là virent le doux Jesus-Christ,
Et la Vierge qui le porta;
Celui que tout le monde fit,
Et les pécheurs ressuscita.

Bien apparu qu'il nous aima;
Quand à la Croix pour nous fut mis;
Dieu le Père, qui tout créa,
Nous donne à la fin Paradis.

Prious-le tous qu'au dernier jour,
Quand tout le monde doit finir;

Nous ne puissions aucun de nous
Nulle peine d'enfer souffrir.
   Amen. Noël, Noël, Noël,
Je ne saurois plus tenir,
Que je ne chante ce Noël,
Quand je vois mon Sauveur venir.

Sur le chant : *Une jeune fillette dormoit.*

UNe jeune Pucelle de noble cœur,
Priant en sa chambrette son Créateur,
L'Ange du Ciel descendit sur la terre,
Lui conta le Mystère
De notre Salvateur.
   La Pucelle ébahie de cette voix,
Elle se prit à dire pour cette fois,
Comment pourra s'accomplir telle affaire ?
Car jamais n'eus affaire
A nul homme qui soit.
   Ne te soucie, Marie, aucunement,
Celui qui Seigneurie au Firmament,
Son Saint Esprit te fera apparoître,
Dont tu pourras conhoître,
Tout cet enfantement.
   Sans douleur, ni sans peine et sans tour^t.
Neuf mois sera enceinte de cet enfant,
Et quand viendra à le poser sur terre,
Jesus faut qu'on l'appelle,
Roi sur-tout triomphant.
   Lors fut tant consolée de ces beaux dits,
Qu'elle s'estimoit être en Paradis,
Se soûmettant du tout à lui complaire,
Disant, voilà l'Ancelle

Du Sauveur Jesus-Christ.

Mon ame magnifie Dieu mon Sauveur,
Mon esprit glorifie son Créateur,
Car il a eu égard à son Ancelle;
Que terre universelle
Lui rende gloire et honneur.

Noël, Sur l'air: *Où est-il mon bel ami, allé,
reviendra-t-il encore?*

OU s'en vont ces gais Bergers,
Ensemble côte à côte;
Nous allons voir Jesus-Christ
Né dans une grotte:
Où est-il le petit nouveau né,
Le verrons-nous encore?

    Nous allons voir Jesus-Christ
Né dans une grotte;
Pour venir avec nous,
Margot se décrotte:
Où est-il le petit nouveau né,
Le verrons-nous encore?

    Pour venir avec nous,
Margot se décrotte,
Aussi fait la belle Alix,
Qui a troussé sa cotte: Où est-il, ect.

    Aussi fait la belle Alix,
Qui a troussé sa cotte,
De peur du mauvais chemin,
Craignant qu'on ne la crotte: Où est-il, etc.

    De peur du mauvais chemin,
Craignant qu'on ne la crotte,
Jeanneton n'y veut venir,

Faisant ainsi le sotte : Où est-il, etc.
    Jeanneton n'y veut venir,
Faisant ainsi la sotte,
Disant qu'elle a mal au pied,
Elle veut qu'on la porte : Où est-il, etc.
    Disant qu'elle a mal au pied,
Elle veut qu'on la porte ;
Robin, en ayant pitié,
A apprêté sa hotte : Où est-il, etc.
    Robin, en ayant pitié,
A apprêté sa hotte ;
Jeanneton n'y veut entrer,
Voyant bien qu'on se moque : Où est-il, etc.
    Aime mieux aller à pied,
Que de courir la poste,
Tant ont fait les bons Bergers,
Qu'ils ont vu cette grotte : Où est-il, etc.
    Tant ont fait les bons Bergers,
Qu'ils ont vu cette grotte,
En une Etable où il n'y avoit
Ni fenêtre ni porte : Où est-il, etc.
    En une Etable où il n'y avoit
Ni fenêtre ni porte ;
Ils sont tous entrés dedans,
D'une ame très-dévote : Où est-il, etc.
    Ils sont tous entrés dedans,
D'une ame très-dévote ;
Là ils ont vu le Sauveur
Dessus la chenevotte : Où est-il, etc.
    Là ils ont vu le Sauveur
Dessus la chenevotte,
Marie est auprès pleurant,
Joseph la reconforte : Où est-il, etc.

Marie est auprès pleurant,
Joseph la reconforte,
L'âne et le bœuf respirans,
Chacun d'eux le réchauffe : Où est-il, etc.

L'âne et le bœuf respirans,
Chacun d'eux le réchauffe,
Contre le vent fort cuisant,
Lequel souffle de côté : Où est-il, etc.

Contre le vent fort cuisant,
Lequel souffle de côté,
Les Pasteurs s'agenouillant,
Un chacun d'eux l'adore : Où est-il, etc.

Les Pasteurs s'agenouillans,
Un chacun d'eux l'adore,
Puis s'en vont rians, dansans,
La courante et la volte : Où est-il, etc.

Puis s'en vont rians, dansans,
La courante et la volte ;
Prions le doux Jesus-Christ,
Qu'enfin il nous conforte : Où est-il, etc.

Prions le doux Jesus-Christ,
Qu'enfin il nous conforte,
En notre ame au dernier jour,
Dans les Cieux il transporte : Où est-il, etc.

Noël, Sur le chant : *De la fausse trahison.*

NOël, pour l'amour de Marie,
Nous chanterons joyeusement,
Quand elle porta le fruit de vie,
Ce fut pour notre sauvement.

Joseph et Marie s'en allerènt
Un soir bien tard en Bethléem,

Ceux

Ceux qui tenoient hôtellerie,
Ne les prisoient pas grandement.
   Ils s'en allèrent parmi la ville,
D'huis en huis logis quérans,
A l'heure la Vierge Marie
Etoit prête d'avoir enfant.
   S'en allèrent chez un riche homme,
Logis demander humblement,
Et on leur répondit en somme,
Avez-vous chevaux largement.
   Nous avons un bœuf et un âne,
Voyez-les ci-présentement;
Vous ne semblez que truandaille,
Vous ne logerez point céant.
   Ils s'en allèrent chez un autre homme,
Logis demander pour argent,
Et on leur répondit en outre,
Vous ne logerez point céant.
   Joseph si regarda un homme,
Qui l'appela méchant Paysan,
Où veux-tu mener cette femme,
Qui n'a pas plus haut de quinze ans?
   Joseph va regarder Marie,
Qui avoit le cœur très-dolent,
En lui disant, ma douce amie,
Ne logerons-nous autrement?
   J'ai vu là une vieille Etable,
Logeons-nous-y pour le présent;
Alors la Vierge aimable
Etoit prête d'avoir enfant.
   A minuit, en cette nuitée,
La douce Vierge eut enfant,
Sa robe n'étoit point fourrée,

Pour l'envelopper chaudement.

Elle le mit dans une Crêche,
Sur un peu de foin seulement,
Une pierre dessous sa tête,
Pour reposer le Roi puissant.

Très-chers gens, ne vous déplaise,
Si vous vivez si pauvrement,
Si fortune vous est contraire,
Prenez le tout patiemment.

En souvenance de la Vierge,
Qui prit son logement pauvrement,
En cette Etable découverte,
Qui n'étoit point fermée devant.

Or prions la Vierge Marie,
Que son Fils veuille supplier,
Qu'il nous doit mener telle vie,
Qu'en Paradis puissions entrer.

Si une fois y pouvions être,
Jamais ne nous faudra plus rien :
Ainsi fut logé notre Maître,
Le doux Jesus en Bethléem.

L Aissez paître vos bêtes,
Pastoureaux par monts et par vaux,
Laissez paître vos bêtes,
Et venez chanter Nau.

J'ai ouï chanter le rossignol,
Qui chantoit un chant si nouveau,
Si haut, si beau, si raisonneau,
Il me rompoit la tête,
Tant il prêchoit et caquetoit,
Ai donc pris ma houlette,

Pour aller voir Nolet.
Je m'enquis au Berger Nolet ;
As-tu ouï le rossignolet,
Tant joliet, qui gringotoit
Là-haut sur une épine :
Oui, dit-il, je l'ai ouï,
J'en ai pris ma buissine,
Et je m'en suis réjoui.

Nous dîmes tous une chanson,
Les autres y sont venus au son,
Or sus dansons, prends Alison,
Je prendrai Guillemette,
Margot, tu prendras gros Guillot,
Qui prendra Peronelle ?
Ça sera Tabelot.

Ne dansons plus, nous tardons trop,
Allons-y tôt, courons le trot,
Viens-tu, Margot ? oui, Guillot ;
J'ai rompu ma couriette,
Il faut racoutrer mon sabot,
Or tiens cette éguillette,
Elle te servira trop.

Et toi, Michaud, n'y viens-tu pas ?
Oui, dit-il, tout l'entrepas,
Tu n'entends pas du tout mon cas ;
J'ai aux talons les mules,
Par quoi je ne peux pas trotter,
Pris les ai par froidure,
En allant ettraquer.

Marche devant pauvre Mulart,
Et t'appuye sur ton houlart ;
Et toi, Cocart, vieil Loriquart,
Tu dusses avoir grande honte,

De rechigner ainsi les dents,
Tu en dusses tenir compte,
Au moins devant les gens.

    Nous courûmes de telle roideur,
Pour voir notre doux Rédempteur,
Le Créateur et Formateur,
Il avoit, Dieu le sache,
De drapeaux assez grand besoin,
Il gissoit dans la Crêche,
Sur un petit tas de foin.

    Sa Mère avec lui étoit,
Un Vieillard si leur éclairoit,
Point à l'Enfant ne ressembloit,
Il n'étoit pas son Père,
Car il étoit luisant comme or,
Ressembloit à sa Mere,
Etant plus beau encore.

    Nous avions un bien gros paquet,
De vivres pour faire un banquet,
Mais le muguet de Jean Auguet,
Avoit une lévrière,
Qui mit le pot à découvert,
Ce fut par la Bergère,
Qui laissa l'huis ouvert.

    Pas ne laissâmes de gaudir,
Je lui donnai une brebis,
Au petit-fils une Mauvie,
Lui donna Peronelle,
Margot si lui donna du lait,
Toute pleine une écuelle,
Couverte d'un tranchoir.

    Or prions tous le Rois des Rois,
Qu'il nous donne à tous bon Noël,

Et bonne paix de nos méfaits,
Ne veuille avoir mémoire
De nos péchés, mais pardonner
A ceux du Purgatoire,
Leus péchés effacer.

JOseph est bien marié,   *bis.*
A la Fille de Jessé ;   *bis.*
C'étoit chose bien nouvelle,
D'être Mère et Pucelle,
Dieu y avoit opéré,
Joseph est bien marié.

   Et quand ce vint au premier,   *bis.*
Que Dieu voulut nous sauver,   *bis.*
Il fit en terre descendre
Sou seul Fils Jesus pour prendre
En Marie humanité,
Joseph est bien marié.

   Quand Joseph eut aperçu,   *bis.*
Que sa Femme avoit conçu,   *bis.*
Il ne s'en contenta mie,
Fâché fut contre Marie,
Et s'en voulut en aller,
Joseph est bien marié.

   Mais l'Ange lui ayant dit,   *bis.*
Joseph, n'en ayez dépit,   *bis.*
Ta sainte Femme Marie
Est grosse du fruit de vie,
Elle a conçu sans péché,
Joseph est bien marié.

   Pense donc bien autrement,   *bis.*
Et approche hardiment,   *bis.*

Car par toute puissance,
Tu es durant son Enfance
A le servir dédié,
Joseph est bien marié.

Noël en droit minuit,   *bis.*
Elle enfanta Jesus-Christ   *bis.*
Sans peine et sans tourment,
Joseph se soucie grandement
Du cas qui est arrivé,
Joseph est bien marié.

Les Anges y sont venus,   *bis.*
Voir le Rédempteur Jesus,   *bis.*
De très-belle compagnie,
Puis à haute voix jolie,
Gloria ils ont chanté,
Joseph est bien marié.

Les Pasteurs ont entendu,   *bis.*
Que le Sauveur est venu,   *bis.*
Ont laissé leurs brebiettes,
En chantant de leurs musettes,
Disant que tout est sauvé,
Joseph est bien marié.

Les trois Rois pareillement,   *bis.*
Ont porté leurs présens,   *bis.*
Or, Encens, aussi Myrrhe,
Ont donné au Fils de Marie,
De lui seroit grande clarté,
Joseph est bien marié.

Or prions dévotement,   *bis.*
De bon cœur très-humblement,   *bis.*
Que paix, joie et bonne vie,
Impêtre Dame Marie,
A notre nécessité,
Joseph est bien marié.

Noël, Sur l'air : *Des Bergers.*

BErgers, voici la grotte bienheureuse,
Où cette nuit est né le Fils de Dieu.
Tout tremble ici d'une crainte   amoureuse
Pour le respect qu'on doit en ce saint lieu.
Avec les Anges qui lui font la cour,
Chantons des louanges chant. des louanges
A ce Dieu d'amour.

Jouez, Bergers, mêlez vos voix Bergères
Aux doux accens de nos doux chalumeaux.
Quittez vos prés, vos bois et vos chaumières
Pour adorer ce petit Roi nouveau.
Avec les Anges, etc.

C'est un Enfant d'une beauté si rare,
Qu'il charme tout par ses divins attraits :
Mais qui sauroit les biens qu'il nous prépare
Seroit ravi au moindre de ses traits.
Avec les Anges, etc.

O qui pourroit aller à cette Etable !
O que le bœuf et l'âne sont heureux !
Le même Enfant est à la sainte Table :
Mais par malheur les hommes sont pire
Avec les Anges, etc.   (qu'eux.

Divin Jesus, heureux qui vous possède !
C'est l'avant-goût des plaisirs éternels,
A tous nos maux le suprême remède,
C'est un trésor qui est sur nos Autels.
Avec les Anges, etc.

Heureux, dit-on, celui qui l'a pu voir
A Bethléem, ce bienheureux Enfant !
Mais plus heureux qui a don de le croire,
Car le même est à l'Eglise vivant.
Avec les Anges, etc.   B 4

Charmant séjour, heureuse solitude,
Tu m'es cent fois plus douce que le miel :
Jesus y est, sans inquiétude
On y goûte les délices du Ciel.
Avec les Anges, etc.

Faites Seigneur, que par votre présence
Se forme en moi un nouveau Jesus-Christ :
Renouvelez en moi votre naissance ;
Changez mon corps, mon cœur et mon
    Esprit. Avec les Anges, etc.

Nuit sombre, ton ombre
Vaut les plus beaux jours,   *bis.*
Des Anges sans nombre
Honorent son cours ;
Marie est féconde,
Un Dieu est Enfant.
Non, rien n'est si grand
Sur la terre et l'onde :
Non, rien n'est si grand
Que Jesus naissant.
Les Anges et Archanges,
La Terre et les Cieux   *bis.*
Font un doux mélange
Qui surprend mes yeux :
Mais plus je le sonde,
Plus il me surprend.
Non, rien n'est si grand, etc.
Il pleure dès l'heure
Qu'il a vu le jour :   *bis.*
Mais dans la demeure
De son saint jour,
Son tonnerre gronde

Contre les méchans.
Non, rien n'est si grand, etc.
   L'impie furie
D'un Viellard jaloux,   *bis,*
Attente à la vie
Du céleste Epoux!
Mais du bout du monde
Les Anges venans.
Non, rien n'est si grand, etc.
   Bergères légères,
Au milieu des bois   *bis.*
Chantons ce Mystère
Au son des hautbois:
Qu'on vienne à la ronde
Sans cesse à nos chants.
Non, rien n'est si grand, etc.

Noël, sur l'air : *Les Bourgeois de Chartre.*

ALlons tous à la Crêche
Entendre un beau Sermon,
C'est le Sauveur qui prêche
Pour notre guérison :
Nous avous tous besoin
D'un Médecin si sage ;
Mais le remède n'est pas loin,
Pourvu que nous prenions le soin
D'en faire un bon usage.
   Aux Princes.
Puissances de la terre,
Tombez à ses genoux ;
Il lance le tonnerre,
Il peut vous perdre tous :
De votre autorité

L'éclat va disparoître ;
Vous apprendrez l'humanité,
Vous laisserez votre fierté
Aux pieds de votre Maître.

Aux Prélats.

Puissances de l'Eglise,
Venez à votre tour,
D'une ame très-soumise
Faites-lui votre cour ;
Auprès de son berceau
Vous devez vous instruire ;
Pour bien veiller sur un troupeau,
Il faut de ce Pasteur nouveau
Apprendre à le conduire.

Aux Gens de qualité.

Vous, de qui la naissance
Fait le mérite entier,
Voyant son indigence,
N'ayez plus l'air altier ;
Cherchez en ce recoin
Un Dieu dans la bassesse ;
Quoique le Ciel en soit témoin,
Il cache sous un peu de foin
Ses titres de noblesse.

Aux Gens de justice.

Pour vous, Gens de justice,
Apprenez de sa voix
Qu'il faut que tout fléchisse
Sous ses suprêmes loix ;
Ne soyez pas si vains,
C'est le dernier refuge :
Le sort du monde est dans ses mains,

Et peut-être au plus tard demain
Il sera votre Juge.

Aux Riches.

Vous, qui dans l'opulence
Passez des jours si beaux,
Qui tenez l'indigence
Pour le plus grand des maux,
Vous faites trop de cas
D'un vain éclat qui passe;
Ce pauvre Enfant vous dit tout bas
Que l'ame ne s'enrichit pas,
A moins d'avoir sa grace.

Aux Marchands.

Et toi, Marchand avide,
Tant en gros qu'en détail,
Pour un profit sordide,
Toujours dans le travail,
Tu pourrois faire mieux:
Approche et considère
Que l'Enfant qui naît en ces lieux
Est un Marchand qui vend les Cieux,
O quel marché à faire!

Aux Femmes mondaines.

Pour vous, beautés coquettes,
De tout âge et tout rang,
Laissez sur vos toilettes
Et ce rouge et ce blanc;
De votre Créateur
Vous ternissez l'image,
Par le secours d'un art trompeur;
Pourquoi de ce divin Auteur,
Réformez-vous l'ouvrage?

A tous.

Pour tous tant que nous sommes,
Jesus prêche aujourd'hui :
Il vient chercher les hommes,
Et peu viennent à lui ;
Nous marchons ici-bas
Dans une nuit profonde,
Il vient pour y dresser nos pas,
Ah ! mais on ne le connoît pas,
C'est le malheur du monde.

Noël sur l'air *N'oubliez pas votre houlette,*
Lisette, quand vous viendrez aux bois.

UN bruit court dans le voisinage ;
     Au village,
Que le Sauveur est né ;
Bergers il nous y faut aller,
Ah ! quel plus grand avantage !
     Un bruit court, etc.
Accourons voir cet adorable
     Dans l'Etable
Entre deux animaux,
Etendu sur du foin nouveau ;
Cela n'est-il pas pitoyable ?
     Accourons voir, etc.
Il faut porter dans nos malettes,
     Lisette,
De quoi lui présenter ;
Il est du devoir des Bergers,
De lui faire un présent honnête :
     Il faut porter, etc.
De nos moutons la troupe est grande,

Il faut prendre
Le plus beau des agneaux,
Pour porter à ce Dieu nouveau ;
Un jour il pourra nous le rendre :
De nos moutons, etc.
Les Anges lui chantant des louanges
D'un mélange
Qu'il n'y a rien de plus beau,
Gloria in excelsis Deo,
D'une voix qui n'est pas étrange :
Les Anges, etc.

Deux Bergères, l'une humble et l'autre mondaine. Sur l'air : Je me suis levé par un matin, etc.

L'Humble.

Quoi, ma voisine, est-tu fachée ?
Dis-moi pourquoi :
Veux-tu venir voir l'accouchée
Avec moi ;
C'est une Dame fort discrette,
Ce m'a-t-on dit,
Qui nous a produit le Prophète
Souvent prédit.

La Mondaine.

Je le veux, allons ma Commère,
C'est mon desir,
Nous verrons l'Enfant et la Mère
Tout à l'oisir ;
Aurons-nous pas de la dragée
Et du gâteau ?

La salle est-elle bien rangée?
  Y fait-il beau?

L'Humble.

Ah! ma Bergère, tu te trompes
  Fort lourdement;
Elle ne demande pas de pompes
  Ni d'ornemens;
Dedans une chétive Etable,
  Se veut ranger;
Où n'y avoit buffet ni table
  Pour y manger.

La Mondaine.

Au moins est-elle bien cœffée
  De fins roseaux?
Et sa couche est-elle étoffée
  De fins rideaux?
Son ciel n'est-il pas de brodure
  Tout campanée?
N'a-t-il pas aussi pour brodure
  L'or bazané?

L'Humble.

Elle a pour sa belle couche,
  Dedans ce lieu,
Le tronçon d'une vieille souche
  Tout au milieu,
Le mur lui sert d'une custode,
  Et pour son ciel,
Il est fait à la pauvre mode,
  De chaume vieille.

La Mondaine.

Encore faut-il que l'accouchée
  Ait un berceau

Pour bercer quand est couché
    L'Enfant nouveau ;
N'a-t-elle pas garde et servante
    Pour la servir ?
N'est-elle pas assez puissante
    D'y survenir ?

L'Humble.

L'Enfant a pour berceau la Crêche
    Pour sommeiller ,
Couché sur de la paille fraîche
    Pour reposer ,
Et a pour toute compagnie
    Son cher Baron ,
Elle a un bœuf pour sa mégnie ,
    Et un ânon.

La Mondaine.

Tu me dégoûtes , ma voisine ,
    D'aller plus loin ,
Pour une femme gésine
    Dessus du foin ;
Pour moi , qui ne suis que bergère
    Suis beaucoup mieux ,
Que non pas cette ménagere
    Sous ce toît vieux.

L'Humble.

Ne parles pas ainsi , Commère ,
    Mais par honneur ,
Crois-moi , que c'est la chaste Mère
    Du vrai Sauveur ,
Qui veut ainsi vivre pauvrement ,
    Nous sauvant tous ,

Montrant combien qu'il soit la Maître,
Est humble et doux.

La Mondaine.

Exemptez-nous, très-chère Dame,
De tout orgueil,
Quand du corps partira notre ame,
Faites-lui accueil,
La présentant, grande Princesse,
A ton cher Fils,
Pour participer la liesse de Paradis,
Noël, Noël, Noël.

Débat des Fleurs qui veulent couronner
JESUS-CHRIST.

La Rose.

NOtre bon Maître
Vient de paroître,
Notre bon Maître vient en ces lieux,
Je veux lui donner une couronne,
Puisqu'il est le Roi des cieux :
La qualité de Reine qu'on me donne
Veut que je sois la couronne d'un Dieu.

La Tulippe.

Comment tu oses,
Petite Rose,
Comment tu oses m'ôter l'honneur!
Cette autorité souveraine
Que tu prends sur chaque fleur,
N'empêche pas que je n'en sois la Reine,
Ainsi je dois couronner le Sauveur.

L'Oeillet.

Tu nous méprises,
Quelle sottise!
Tu nous méprises par ta hauteur:
On sait que ma couleur aimable,
Jointe avec ma douce odeur,
Sur toutes les Fleurs me rendent agréable,
Ainsi je dois couronner le Sauveur.

La Couronne impériale.

Ta bigarrure
Fait ta parure,
Ta bigarrure fait ton honneur;
Mais toute puissance royale
Doit céder à ma splendeur,
Puisque je suis Couronne impériale,
C'est moi qui doit couronner le Sauveur.

La Violette.

Je le mérite,
Quoique petite,
Je le mérite ce grand honneur;
On voit dans ma petite figure
Comme ce divin Sauveur
S'est fait Enfant, a souffert la froidure,
Pour des mortels être le Redempteur.

La Tubéreuse.

Que l'on me mette
Dessus sa tête,
Que l'on me mette pour ma beauté,
Que d'un côté ma couleur blanche,
Vous fait voir sa pureté,
Et mon odeur montre comme il épanche
De ses vertus la divine clarté.

Le Jasmin.

  Quoique je puisse
Avec justice,
Quoique je puisse le disputer ;
Pour éviter toute querelle,
Il nous faudra toutes mêler,
La couronne en sera beaucoup plus belle,
Unissons-nous, c'est assez disputer.

Dialogue de la Nuit et du Jour.

Sur l'air : *Sommes-nous pas trop heureux.*

La Nuit.

O Jour ! ton divin flambeau
  Vient de commencer sa carrière ;
Mais apprends que sa lumière
N'a maintenant rien de beau,
Sache que mes voiles sombres,
Qui semblent traîner l'effroi,
Ont reçu malgré les ombres
Un plus grand bonheur que toi.

Le jour.

  Quel est donc ce grand bonheur
Qui te donne tant d'audace,
Et qui te fait cette grace
Où tu fondes ton bonheur ?
As-tu quelque spectacle
Qui se dérobe à mes yeux ?
T'a-t-on fait servir d'obstacle
A mes desirs curieux ?

La Nuit.

Celui qui forma de rien
Toute la machine ronde
Et qui créa ce grand monde,
Dont lui seul est le soutien,
Et par un secret Mystère
Envoyé en ce bas lieu ;
Une Vierge en est la Mère,
Comme il est le Fils de Dieu.

Le Jour.

O Nuit ! explique-toi mieux
Sur cette étrange aventure ;
Quoi ! l'Auteur de la Nature
Seroit-il sorti des Cieux !
Comment me feras-tu croire
Un si grand événement ?
As-tu vu ce Roi de gloire,
Pour en parler savamment ?

La Nuit.

Depuis que j'ai commencé
D'étendre mes sombres voiles,
Et fait briller mes Etoiles,
Ce prodige s'est passé ;
Une Vierge a mis au monde
Ce Monarque glorieux,
Que le ciel, la Terre et l'Onde
Exaltent en tous les lieux.

Le Jour.

Mais qui te peux assurer
Que ce soit ce grand monarque

En as-tu vu quelque marque
Que tu puisses figurer ?
Dis sous quel astre propice
Est né ce nouveau Soleil ,
Et donne-moi quelque indice
De ce bonheur sans pareil.

La Nuit.

J'ai vu dans un antre obscur
Cette Vierge chaste et belle
Allaiter de sa mamelle
Ce fruit si saint et si pur ;
Les pastouraux et les Anges
Vont d'un cœur dévotieux
Entonner mille louanges
A cet Enfant précieux.

Le Jour.

O Nuit ! c'est avec raison
Que tu te crois bienheureuse ,
A ma clarté lumineuse ,
Tu feras comparaison ;
Puisque le souverain Maître
Dont j'emprunte ma clarté ,
Dans ton sein a voulu naître ;
Vante ta félicité.

Noël , sur l'air : *Des Feuillantines.*

DAns les ombres de la nuit
Et sans bruit ,
Jesus tout brillant nous luit ,
Naissant par la seule envie
De nous redonner la vie.

Il descend du Firmament
Gaiement,
Pour vivre ici pauvrement,
C'est pour délivrer de peine
Toute la nature humaine.
   Les Anges venus des Cieux
En ces lieux,
Pour cet Enfant précieux,
Ont annoncé la merveille
Qui n'aura point sa pareille.
   A Bethléem portons tous
Des bijoux,
Et les offrons à genoux
Au cher Fils de la Pucelle,
Qui de Dieu se dit l'Ancelle.
Les petits oiseaux des champs
Par leurs chants,
Font la leçon aux méchans,
Car ils lui rendent hommage
Avec leurs charmans ramages.
   Prions cet Enfant nouveau
Au berceau,
Qu'en quittant notre tombeau
Nous allions avec les Anges
Chanter au Ciel ses louanges.

Sur l'air *Belle Fanchon, en attendant etc.*

CHaste Joseph, vous avez de l'ombrage,
Vous soupçonnez votre Epouse en
    secret,
Ne pensez rien à son désavatage,
Croyez toujours qu'elle est Vierge en effet.

De votre cœur bannissez toute crainte,
Défaites-vous de ce cruel ennui,
Du Roi des Cieux votre Epouse est enceinte
Mais ce secret n'est réservé qu'à lui.

Dieu qui vous voit dans cette erreur étrange,
Qui sait comment vous vous êtes mépris,
Pour vous guérir il vous envoye un Ange,
Qui remettra le calme à votre esprit.

Vous apprendrez de sa bouche divine,
Que le Très-Haut a des secrets desseins,
Que votre Epouse est celle qu'il destine
Pour mettre au jour le salut des humains.

———————————

Noel, sur l'air : *Laissez paître vos bêtes.*

UN Dieu brise nos chaînes ;
Que ferons-nous à notre tour ?
Portons-lui pour étrennes
Nos cœurs brûlans d'amour.
Qu'il est charmant,
Ce tendre Amant !
Faisons-lui voir en ce moment
Un amoureux empressement.
Un Dieu brise nos chaînes,
Que ferons-nous à notre tour ?
Portons-lui pour étrennes
Des cœurs brûlans d'amour,
Peuples et Rois,
Hôtes des bois,
Unissez-vous tous à-la-fois,
A nos concerts joignez vos voix.

Un Dieu brise nos chaines,
Que ferons-nous à notre tour ?
Portons-lui pour étrennes
Nos cœurs brûlans d'amour.

    Sacrés Prélats

    Hâtez vos pas;
Accourez tous, ne tardez pas,
A voir un Dieu si plein d'appas.
Il a brisé nos chaînes,
Que ferons nous à notre tour ?
Portons-lui pour étrennes
Des cœurs brûlans d'amour.

    Maîtres divers

    De l'Univers,
Passez les monts, passez les mers,
Pour voir le vainqueur des enfers.
Un Dieu brise nos chaînes,
Que ferons-nous à notre tour ?
Portons-lui pour étrennes
Ces cœurs brûlans d'amour.

    Appuis des loix;

    Dignes du choix,
Que font de vous les plus grands Rois ?
Quittez vos villes pour nos bois.
Un Dieu brise nos chaînes,
Que ferons-nous en ce grand jour ?
Portons-lui pour étrennes
Des cœurs brûlans d'amour.

    Bourgeois, marchands,

    Vous, artisans,
Venez, tant riches qu'indigens,
Pour seconder nos tendres chants.

Un Dieu brise nos chaînes,
Que ferons-nous à notre tour ?
Portons-lui pour étrennes
Des cœurs brûlans d'amour.

Noël, sur un air de musette.

CHantons Noël à l'Eternel
Le Fils de Dieu
Vient de naître en ce lieu,
Que sans cesse
L'alégresse,
Eclatant nos chants,
Ses bienfaits sont charmans
Que sans paresse,
L'on s'empresse,
Au divin Enfant,
D'offrir un cœur constant ;
Que sa flamme,
Dans notre ame,
Règne incessamment ;
Aimons-le tendrement.
Sa tendresse
S'intéresse
A rendre les mortels heureux ;
Qu'il soit seul l'objet de nos vœux,
Pour lui brûlons d'un tendre amour,
Bénissons-le dans ce saint jour,
Il fait tarir nos pleurs
Et finir nos malheurs.

Noël, sur l'air *Une jeune pucelle.*

L'Ange.

ENtends ma voix fidelle,
Pasteur , suis-moi,
Viens témoigner ton zèle
Au divin Roi,
Ce Dieu si grand , est né dans une Etable,
Ce Dieu si redoutable ,
Est homme comme toi.

Le pasteur.

Quel crieur de gazettes
Ai-je entendu !
Portes ailleurs tes sornettes ,
C'est tems perdu ;
Qu'un Dieu soit né , l'aventure est jolie ,
La plaisante saillie ,
D'un esprit morfondu.

L'Ange.

Ce qu'un Dieu fait entendre ,
Du haut des Cieux ,
On ne peut le comprendre
Dans ces bas lieux.
Qu'un Dieu soit né, l'aventure est étrange ;
Mais tu la tiens d'un Ange ,
Pasteur , ouvre les yeux.

Le Pasteur.

Bon Dieu ! quelle lumière,
Dans ce hameau,
Vient frapper ma paupière !
Est-ce un flambeau ?

C

J'en suis surpris, il n'est pas ordinaire
Que la nuit soit si claire,
Le jour n'est pas si beau.

L'Ange.

C'est le tems des miracles ;
Que celui-ci :
L'énigme des oracles
Est éclairci :
Tout est changé, le corps succède à l'om-
Le jour à la nuit sombre,   (bre,
Le ciel l'ordonne ainsi.

Le Pasteur.

Expliquez-moi, de grace,
Ce changement ;
Que faut-il que je fasse
En ce moment ?
Ange du ciel, ah ! je vous en conjure,
Chassez la nuit obscure
De mon entendement.

L'Ange.

Je veux bien te conduire,
Puisqu'il le faut,
L'éclat que tu vois luire,
Vient du Très-Haut ;
Dieu te fait voir par ce grand jour qui brille
Qu'il est né d'une Fille,
Sans tache et sans défaut.

Le Pasteur.

Je crois qu'à sa puissance
Tout est permis ;
J'adore sa Naissance

D'un cœur soumis ;
Mais l'homme ingrat trahit ce divin Maître,
Pourquoi vient-il de naître
Parmi tant d'ennemis ?

L'Ange.

C'est par l'amour extrême
Qu'il a pour vous,
Qu'il vous sauve lui-même
De son courroux.
Par un arrêt, dont il est la victime,
Il s'est chargé du crime,
Et l'homme en est absous.

Le Pasteur.

O Père le plus tendre !
Qui fut jamais,
Comment peut-on lui rendre
Tant de bienfaits ?
De ses trésors il enrichit la terre,
Nous lui faisons la guerre,
Il nous donne la paix.

L'Ange.

Suis-moi jusqu'au village,
Ne tarde pas,
Tu dois lui rendre hommage,
Viens sur mes pas ;
Je vois l'ardeur de l'amour qui le presse,
A force de tendresse,
Fera-t-il des ingrats ?

Le Pasteur.

La même ardeur m'enflamme,
Dans ce moment ;
Secondez de mon ame

L'empressement,
Hâtons nos pas, je ne puis plus attendre;
Peut-on trop tôt se rendre
Près d'un Dieu si charmant.

UNe jeune Pucelle, Reine d'amour,
      Et plus pure et plus belle que n'est le
Priant la nuit dedans son Oratoire,   (jour,
L'Ange du Roi de gloire lui vient faire la
        cour.
    Jamais on ne vit Ange si fort surpris,
Tant il trouvoit étrange d'avoir appris
Qu'on peut aimer ici-bas des merveilles
Qui n'ont point de pareilles au règne des
        esprits.
Reprenant l'assurance de son maintien,
Il fait la révérence, et sachant bien
Que son parler alloit donner sur terre
Un merveilleux mystère, ce discours il lui
        tint.
    Fille la plus heureuse qui fut jamais,
Vous êtes l'amoureuse du Dieu de paix;
Je viens à vous, vous dire de sa bouche,
Que rien tant ne le touche que vos divins
        attraits.
Vous êtes, Princesse, d'un trait vainqueur,
Bien rendu la maîtresse, blessant son cœur;
Déjà le Ciel, va disant que Marie
Est l'Amante chérie du Fils de leur Seign.ʳ
    Madame, il faut vous rendre à sa bonté,
Je viens pour vous apprendre sa volonté,
Dites le mot, je m'en vais vous promettre,
De la part de mon Maître, toute fidélité.

Marie, hélas ! votre ame et tout mon sens
Vont se réduire en flamme à vos accens !
Le Fils de Dieu viendra tout à cette heure,
Etablir sa demeure au milieu de vos flancs.

Ces superbes miracles qu'au tems jadis
Tant de divins Oracles nous ont prédit,
Se font dans vous, le Fils de Dieu y entre,
Et fait de votre ventre son petit Paradis.

Voilà le Ciel qui s'ouvre, ne sachant pas
Que Dieu quitte son Louvre et ses appas ;
Anges, volez, venez, troupes compagnes,
Habiter ces campagnes, la Cour est ici-bas.

Noël, sur l'air :

Des regrets de la Princesse de Condé.

PAr le péché de désobéissance,
  Adam nous mit en extrême souffrance
Prêtant l'oreille au serpent séducteur ;
O pauvre Adam ! reconnois ton Sauveur.

Adam, tu fus mal discret et peu sage,
Mal avisé et léger de courage,
Lorsque tu fus rebelle au Créateur,
O pauvre Adam ! reconnois ton Sauveur.

Pour avoir pris la pomme trop amère,
Toi et les tiens a mis en grande misère,
Le péché suit, la mort et tout malheur,
O pauvre Adam ! reconnois ton Sauveur,

Pour réparer ton offense mortelle,
Dieu par pitié élut une Pucelle,
Qui de Marie a le nom plein d'honneur,
O pauvre Adam ! reconnois ton Sauveur,

Tu concevras le Rédempteur du monde,
Roi triomphant de la machine ronde,
Et ne perdras de chasteté la fleur,
O pauvre Adam! reconnais ton Sauveur.

Ce grand mystère, douce Vierge Marie,
Vient du haut Dieu, n'en soyez point
(surprise,
Le Saint-Esprit en est le Conducteur,
O pauvre Adam! reconnais ton Sauveur.

Sitôt répond la Vierge humiliante,
De Dieu je suis l'Ancelle et la Servante,
A lui du tout me rend d'un humble cœur,
O pauvre Adam! reconnais ton Sauveur.

Neuf mois après cette sainte nouvelle,
Elle enfanta, étant Vierge et Pucelle,
Le fils de Dieu, du monde Rédempteur,
O pauvre Adam! reconnais ton Sauveur.

Il est venu pour payer cette dette,
Que jadis, ô Adam! avait faite,
Et le tirer des prisons de rigueur,
O pauvre Adam! reconnais ton Sauveur.

Or, donc vers lui (car il est véritable),
Retire-toi, ô pauvre misérable!
En admirant sa bonté et sa douceur,
O pauvre Adam! reconnais ton Sauveur.

Sur l'air : *Réveillez-vous, Belle endormie.*

Le Rabin.

JE suis le maître de la grange,
Et c'est à moi qu'elle appartient,
Ainsi je trouve fort étrange
Que sans m'en rien dire, on y vient.

Saint Joseph.

Vous paroissez trop raisonnable ;
Monsieur , pour ne vous appaiser ,
Sachant que jusqu'à votre Etable
Le Messie veut bien s'abaisser.

Le Rabin.

Pardon , Monsieur , je vous en prie ,
Excusez mon emportement ;
Mais que dites-vous du Messie ,
Et quel est son abaissement ?
Si les promesses ne sont vaines ,
Que nous lisons dans notre écrit ,
Nous verrons dans peu de semaines.
Notre Messie Jesus- Christ.
Mais faites mieux , je vous supplie ,
Vu la rigueur de la saison ,
Venez , Joseph , venez, Marie ,
Avec l'Enfant dans ma Maison.

La sainte Vierge.

Notre Loi veut qu'une accouchée
Demeure après l'enfantement
Quarante jours fort enfermée ,
Et sans sortir aucunement.

Le Rabin.

Cette Loi ne fut jamais faite
Pour vous, digne Mère de Dieu ,
Non , vous n'y êtes point sujette ,
Et vous pouvez quitter ce lieu.

La sainte Vierge.

Comme mon Fils, je dois l'exemple,
Je veux laisser passer ce tems,
Après quoi nous irons au Temple,
Y faire nos pauvres présens.

Le Rabin.

Mais, Madame, il est impossible
Que vous puissiez rester ici,
Le froid qu'il fait est si sensible,
Que votre Enfant est tout transi.

La sainte Vierge.

Puisqu'à notre nature humaine
Il unit sa Divinité,
Il souffrira bien cette peine
Par un excès de charité.

Noël, sur l'air : *Or nous dites Marie.*

ECoutez bien l'histoire
D'un Dieu dans le berceau,
Gardez-en la mémoire,
Il n'est rien de si beau ;
A ce sacré Mystère
Songez à tous momens,
Chétiens de votre Père,
Lisez le Testament.
    Le Ciel comblait la terre
De ses plus doux bienfaits,
Les horreurs de la guerre

Faisoient place à la paix.
Par un édit d'Auguste,
Dans ce vaste Univers,
On fit un compte juste,
De ces peuples divers.
   Son édit se publie
Jusqu'à Jérusalem,
Joseph avec Marie,
En partant pour Bethléem,
Dans un saint mariage,
Tous deux en liberté,
Au Ciel faisoient hommage
De leur virginité.
   Marie étoit enceinte,
Son temps étoit venu,
Joseph pâlit de crainte;
Sitôt qu'il l'eût connu;
Vers une hôtellerie
Ils s'avancent tous deux,
Mais chacun se récrie,
Il n'en est point pour eux.
   Quel état déplorable !
Joseph se voit réduit
A chercher une Etable,
(C'étoit sur la mi-nuit),
Son Epouse sacrée,
Sans peine et sans douleur,
Dès qu'elle y fut entrée,
Enfanta le Sauveur.
   Près de cette demeure,
Dormoient quelques Bergers,
Un Ange à la même heure,
D'un vol des plus légers,

Fend l'air, il les éveille,
Et leur dit à l'instant,
Venez voir la merveille
Que l'Univers attend.

Un enfant vient de naître,
Qui commande en tous lieux;
Pasteurs, il est le Maître
De la Terre et des Cieux,
Il est dans une Crêche,
Ce lieu n'est pas bien loin,
Sur de la paille sèche,
Et sur un peu de foin.

A voir ce Roi des Anges,
Chacun serait trompé,
De drapeaux et de langes
Il est enveloppé;
Pour soulager sa peine,
Pour adoucir ses maux,
Il se sert de l'haleine
De deux vils animaux.

Ayant fait son message,
Cet Ange disparut,
Pour aller au village,
Plus d'un Pasteur courut;
Ils vont droit à l'Etable
Chercher ce nouveau né,
A sa vue adorable
Chacun s'est prosterné.

Que faites-vous, Marie,
Quand vous les voyez tous,
Laisser leurs bergeries
A la merci des loups?
Vous vous disiez à vous-même,

Comme tous les Chrétiens,
Pour voir leur divin Maître,
On quitte tous les biens.

―――――――――――――――

Noël, sur l'air : *Je ne saurois, etc.*

ON dit que dans une Etable,
     Par un prodige nouveau,
Dieu s'est fait notre semblable,
Pour nous sauver du tombeau.
Je ne saurois
Voir mon Dieu si misérable,
J'en mourrois.

     Quand l'on voit dans l'impuissance
L'Auteur de tout l'Univers,
La sagesse est dans l'enfance,
L'impassible est dans les fers.
Je ne saurois
Voir mon Dieu dans l'indigence,
J'en mourrois.

     A peine a-t-il pris naissance,
Que le sang de cet agneau
Coule en très-grande abondance
Sous le tranchant d'un couteau.
Je ne saurois.
Voir Jesus dans la souffrance,
J'en mourrais.

―――――――――――――――

RÉjouissez-vous divine Marie,
Réjouissez-vous avec votre Epoux;
Dieu vous aime tant,

Qu'il vous a choisi ,
Il vous aime tant ,
Qu'il est votre Enfant.
Réjouissez-vous , ô nature humaine !
Réjouissez-vous , ce Dieu est pour vous
Il vous aime tant ,
Qu'il brise vos chaines ,
Il vous aime tant ,
Qu'il vous rend content.
Adorons ce Dieu naissant dans la grange ,
Adorons ce Dieu qui choisit ce lieu ,
Qu'il y est charmant !
Il y ravit les Anges ,
Qu'il est charmant
Ce petit Enfant !
Recevez nos vœux , ô Roi débonnaire ,
Recevez nos vœux , rendez-nous heureux :
Un cœur est content.
Possédant la gloire ,
Un cœur est content
Eternellement.

F I N.

8 D. Que veut dire ce mot : *Christ ?*

R. Il veut dire & nous marque l'onction spirituelle de Jésus-Christ.

9 D. En quoi consiste l'onction de J. C.

R. Cette onction consiste dans la plénitude de toutes les graces qui sont en Jésus-Christ.

10 D. Pourquoi appellons-nous Jésus-Christ Fils de Dieu ?

R. Parce que Jésus-Christ est seul & par nature Fils de Dieu.

11 D. Les Saints ne sont-ils pas amis & fils de Dieu ?

R. Oui, mais ils ne sont fils de Dieu que par adoption, c'est-a-dire, par la bonté & par la grace de Dieu.

12 D. Pourquoi Jésus-Christ est-il seul & par nature Fils de Dieu ?

R. Parce que Jésus-Christ est Dieu comme son Pere, & qu'il est de même nature que lui.

13 D. Pourquoi appellons-nous Jésus-Christ notre Seigneur ?

R. Parce que Jésus-Christ, comme Dieu, est le souverain Seigneur de toutes choses, & qu'en qualité de Sauveur, il nous a acquis au prix de son sang, afin que nous fussions son peuple.

LEÇON XIII.
Suite de l'explication du Symbole.

1 D. Quel est le troisieme article du Symbole ?

R. Qui a été conçu du St.-Esprit, est né de la Vierge Marie.

2 D. Que veulent dire ces paroles : *Qui a été conçu du Saint-Esprit ?*

R. Ces paroles veulent dire que le corps de

B

Jesus-Christ a été formé dans le sein de la Vierge
Marie, par l'opération du Saint-Esprit.

3 *D.* Que signifient ces paroles : *Est né de la
Vierge Marie ?*

R. Ces paroles signifient que la sainte Vierge,
après avoir porté J. C. dans son sein pendant neuf
mois, l'a mis au monde sans cesser d'être Vierge.

4 *D.* J. C. est donc en même tems Fils de
Dieu & Fils de la bienheureuse Vierge Marie ?

R. Oui, Jesus-Christ, comme Dieu, est Fils
de Dieu, & comme homme, il est Fils de la
bienheureuse Vierge Marie.

5 *D.* Jesus-Christ comme Dieu, & Jesus-Christ
Fils de Marie, sont-ce deux personnes ?

R. Non, ce n'est qu'une seule & même personne,
qui est en même tems vrai Dieu & vrai homme.

6 *D.* Marie, Mere de Dieu, a t-elle toujours
été Vierge ?

R. Oui, elle a toujours été Vierge devant &
après l'enfantement.

7 *D.* Que nous apprend le quatrieme article :
*Qui a souffert sous Ponce-Pilate, a été cru-
cifié, est mort, & a été enseveli ?*

R. Cet article nous apprend d'abord que, du tems
que Ponce Pilate gouvernoit la Judée, J. C. a souffert
plusieurs tourmens, & a été attaché à une croix.

8 *D.* Que nous enseigne encore cet article ?

R. Il nous enseigne encore que J. C. est mort
sur une croix, & qu'après sa mort son corps a été
mis dans le sepulcre.

LEÇON XIV. *Suite de l'explication du Symbole.*

1 *D.* QUe nous apprend le cinquieme article
du Symbole : *Est descendu aux enfers,*